RENGO

RENGO

Seth Michelson

Valparaíso
EDICIONES

Número 391 de la Colección VALPARAÍSO DE POESÍA
dirigida por FEDERICO DÍAZ-GRANADOS

Diseño de colección: Chari Nogales
Maquetación: Paola Hormechea Cuéllar

Imagen de portada: Claude Monet, *Red Boats, Argenteuil* (1875)

Primera edición: Diciembre de 2023

© De los poemas: Seth Michelson
© Valparaíso Ediciones
C/ Fray Leopoldo, 7 Bajo 18014 Granada
www.valparaisoediciones.es

ISBN: 978-84-10073-08-1
Depósito Legal: GR 1956-2023

Impreso en España - *Printed in Spain*
Gráficas Gami

RENGO

este espectro fluvial en que arde el oro
CÉSAR VALLEJO

lo que no he leído es la belleza de la descomposición
YAXKIN MELCHY

I

DORMILÓN

En el comienzo de toda carrera hay un milagro
MAX JACOB

De jóven dormí
en tracción
para la cadera:
las piernas
suspendidas
en forma de "V":
alas de águila
extendidas,
alas de pibe
dolido,
esta riada
de gratitud
por poder soñar
volando.

EL NACIMIENTO DEL RENGO

Ni nuestras madres saben
de dónde vinimos,
nosotros los deformados
que partieron sus piernas
y entraron al mundo chillando:
niños mojados, torcidos,
bestias a primera vista,
la pesadilla de cualquier padre
que soñaba de querubines,
y en su lugar: nosotros,
con paladares hendidos,
con huesos de cristal,
con pulmones marchitos,
ella sin orejas, él sin nariz,
y yo con la cadera
hecha de polvo, ausencia,
convirtiéndome en una carreta
que le hace falta
una rueda, y por eso voy
en círculos, vida
de vueltas, de mareos,
y de la vergüenza de mi madre
en el parque conmigo:
rodeada por susurros, gestos, risa,
hasta llegar a casa y encerrarse
sola en su pieza
para empapar con lágrimas
la almohada
y aullar a los cielos:

de la carga de tener un hijo
llamado extraterrestre
por el pueblo
tan ignorante de la belleza
de los cuerpos celestiales.

PRECUELA

Ya sea por enfermedad
o accidente,
congenital o adquirida,
la renguera te marca:

relámpago
contra el árbol;

el tronco
desfigurado,
el olor de humo
y las raíces
renacidas
por el regalo
de la quema.

SILLA DE RUEDAS

Me hacía tropezar
       cada cordón

de cada vereda--
       una tortuga

volcada
       en el reino

del coyote--
       hasta que aprendiera

a levantar mi silla--
       ¡pum!--

en dos ruedas
       y saltar

por los cordones,
       potro a galope.

ESTACIONES RENGAS

Tu vida renga
la de un París
perdido
entre diosas:
eligiendo
belleza
predefinida
por otros;

    tu vida renga
    la de un cuervo
    famélico
    en invierno;
    los durazneros
    desnudos,
    melancólicos
    con ausencia;

        tu vida renga
        la de un camión
        averiado
        en un valle verde:
        fecundo,
        soleado,
        perfumado
        por gardenias.

RUIDO RENGO

el ojo tiene que escuchar antes de mirar
JEAN-LUC GODARD

La bulla de muletas
sobre el camino
rocoso a la escuela,
la silla de ruedas
chillando
sobre el pasillo de linóleo,
el raspón de yeso
contra la mesa
cuando se sienta
y se levanta--
así cantamos nosotros
los rengos
por nuestros cuerpos:
por las flautas
de las férulas,
por las arpas
de los prostéticos,
por los xilófonos
de los soportes
que nos mantienen
verticales,
y sobre todo
por los gruñidos
de dolor
de movimiento,

el dolor la batuta vivaz
del conductor
de orquesta: conectando
las secciones,
manejando el ritmo,
dirigiendo la melodía
de nuestra
llegada triunfal.

BALCÓN RENGO

Ya hemos vuelto
y somos millones
los que el viento
desplazó.

Palomas ahuyentadas
y miren su regreso
al balcón:

un gran rebaño
reformado,
plumas desgreñadas,
música de júbilo;

esa alegría
de haber llegado,
seguros en su agarre.

ESTÉTICA RENGA

¿Por qué alabar
a la simetría

como el índice
de nuestra belleza

cuando todos
ya sabemos

que el corazón
es recontra poderoso

precisamente
por su anatomía

de asimetrías?

PECERA RENGA

En casa estaba todo
arreglado para ensillados:
pisos lisos, la cama baja,
el agua tan fría
como accesible,
y me movía con fluidez
un koi grácil
por su estanque;
mundo sereno de lotos,
de filtro burbujeando
con alegría,
y de peces tan variados
de color y forma
que la estatuilla del Buda
en la esquina
no podía menos
que sonreír y sonreír.

II

HAIKU DEL RENGO, O CUARTO GRADO

Se cae en clase
el pibe con muletas;
eco de risas.

LAMENTO DEL RECREO ESCOLAR A LOS OCHO AÑOS

Para Javier Etchevarren

Donde juega uno, juegan dos
y donde juegan dos
juegan cuatro
y con cuatro ya hay partido,
menos el niño
discapacitado.

Quedáte allí, le dicen a él,
en la orilla
de la cancha,
no hay lugar
para una silla,
nos pisás los dedos.

Así nacen
las jerarquías,
esas escaleras a la nada,
y al pie de ellas
espera el rengo
atrapado en aire, luz.

SILLA DE RUEDAS II

Invento medieval,
molino movedizo,
carreta de buey
achicada
a la bestia humana,
barco vikingo
adaptado
a un solo remero,
sus brazos flacos
expuestos
al sol, al frío:
remá, remá,
se canta
a sí mismo,
todos los días
iguales,
sisifianos:
hora tras hora
de giros,
de viajes
circulares,
de horizontes
de cortinas
de humo, vapor,
y más allá
los planetas:
rodando sin fin,
peregrinos perdidos

en la nada negra
del espacio-tiempo.
O vida giratoria,
O mundo de silla,
de dos ruedas masivas
y dos más chiquititas,
del cansancio
de los hombros,
de las manos llenas
de ampollas,
del anhelo
de levantarse
y correr
con los otros pibes
en la escuela
hasta levantar vuelo,
solo,
y trazar un nuevo curso
por los cielos:
rengo-cohete,
rengo-cometa,
rengo-lluvia-
de-meteoros.

CONSULTA PREOPERATIVA A LOS NUEVE AÑOS, O HIMNO FASCISTA

Queremos extraer lo extranjero,
me dice el experto,
hay que purificar por purgar,
limpiar por quitar,
y yo con mis pocos años
me quedo allí, calladito,
sentado en una silla plástica
en el consultorio
de olor a lavandina,
pensando en mi papá,
tan lejos de mí: en México
para ayudar migrantes
rumbo a Estados Unidos,
donde hay expertos
al acecho, armados,
listos para atacarlos,
para detenerlos, extraerlos
del cuerpo político,
mientras el experto acá
me está hablando
del camino del filo
y me marean visiones
de incisiones cruentas
y de migrantes sin agua
cruzando el desierto,
y veo las manos
enguantadas

del cirujano
y del gendarme,
y estoy horrorizado:
de la violencia
casual de los expertos,
de sus palabras tan frígidas,
de sus cálidas sonrisas.

EN EL HOSPITAL DE NIÑOS

Para Daniel, D.E.P.

Qué delgado
el hilo blanco
que ata la vida
a este mundo,
tan delgado
como la sábana blanca
estirada
sobre el cadáver
de Daniel,
mi compañero
de cuarto:
él, de nueve años
como yo,
el de la cama
de mi lado,
de los ojos claros
y traviesos,
de fiebres
y de temor nocturno,
él del poster
de Quiet Riot
en el cielo raso
sobre nosotros
en el hospital
de niños,
mi mejor amigo allí,

mi alma gemela
quirúrgica,
mi primer Carón,
él, que minutos antes
estaba riéndose
de nuestro almuerzo
asqueroso:
el pollo
más chicle
que mamífero,
me dijo
y después tomó
toda la botellita
de jugo rojo,
nuestra ambrosía
favorita.
Y la última
cosa que vi
antes de que
se le cayera
la sabana
eran los labios
a mitad de risa,
manchados
un dulce
indeleble rojo.

AUTORRETRATO A LOS DIEZ AÑOS

Una de esas noches
tormentosas:
el cuerpo enfurecido,
cada gota
de lluvia
azotando la ventana.
¡Crac! ¡Crac!
canta la cadera,
pulsando con dolor,
tu ser la casa
acosada
por un chaparrón
que dura años:
noches largas
en tracción,
días inundados
por dolor,
la primera memoria
de la enfermedad
la de sufrir
en cama solo,
astillado,
mientras llueve
y llueve,
siempre el ¡crac!
del cielo,
de la degeneración
de hueso,

siempre la lluvia
interior, los ojos
nubes grises,
la rotura
del espíritu
casi completa,
pero descubriste
tu fuerza renga
y aguantaste
el atentado,
una bandera
en un huracán,
retorcida,
arañada,
y la noche,
¡qué noche!,
una rabia de lluvia
como avispas
entrando
por las puertas
abiertas
de cada cicatriz,
hasta que estés
lleno de ellas
y cerrás
los párpados:
atrapándolas
adentro,
trueno
en una botella,
y las convertís

en el ardor
de tu lengua,
tu joven corazón.

ALGO COMO LA GRACIA

No importa que me caí
de las muletas
frente a mi clase. No importa
cuarto grado,
ni que fue la hora
de jugar todos juntos,
y yo caído allí,
un renguito en la gravilla,
rodeado por la clase,
sangrando
dignidad de mis rodillas,
y no importa su risa,
no importa que yo no podía
alcanzar las muletas
ni levantarme solo,
lo que sí fue importante
fue la mano de David:
un niño tímido,
con lentes, lacónico,
un gran lector,
él que me extendió su mano
en ese momento
como un rayo de luz
partiendo las nubes
de un cielo gris
hasta que lo sentí
en el hombro
y me dio ánimo,

se me calmó
la respiración,
mientras me quitaba
la gravilla de las rodillas
con dedos temblorosos.

RENGO PUBESCENTE

Imagínate en sexto grado
en una silla de ruedas:
viviendo entre
el cinturón de las chicas
y el borde sureño
de sus blusas halter,
y de entrar la clase
y chocarse--¡pau!--
con la panza desnuda
de Sonia, Luz:
las minas más guapas del mundo
en tu opinión febril,
y vos congelado allí
con la cara
hundida en piel cremosa,
en el calor
de un terreno
tan inaccesible como deseado,
un incendio prendido
en tu pecho flacucho,
el corazón
un pájaro rojo
atrapado en una catedral,
tirándose
contra las ventanas,
desesperado
para liberarse
y tocar los cielos.

III

GÉNESIS RENGO

¿Cómo nombrar
la luz,
el firmamento,
las hierbas que dan semilla
a la floresta
con esta boca renga
reventada
por puñetazos
de capacitistas?

¿Cómo declarar con ella
en este jardín
tan variado de flores gloriosas
que estoy harto
de la vigilancia
fascista
de las rosas?

¿Cómo cambiar la canción
de este huerto
de árboles frutales diversos
cuando el coro
no canta nada más
que *manzano,*
manzano?

MOISÉS RENGO

Se arrodilla a la orilla
del mar rojo tumultuoso
y su cuerpo rengo
tambalea, posado
sobre su bastón.
Ha llegado por cojear
por el desierto hirviente,
y ahora, todavía
chivado, se da cuenta
del próximo reto:
el agua rabiosa
con corriente asesina
frente a él,
a su gente,
y desde la desolación
del momento
surge el poder rengo:
se levanta
las manos a los cielos
con el bastón
como un relámpago
y señala a dios
que él mismo
es capáz
de crear caminos.

ANTES DE LA OPERACIÓN
A LOS NUEVE AÑOS

Ningún ángel me apareció,
ni el murmullo de su arpa,
solo el frío del cuarto
de hospital de niños en que estaba yo:
arrodillado en oración
al lado de la camilla,
ya desnudo, lavado
para la bendición del bisturí,
rogando al silencio
por amor, apoyo,
pero el único sonido
fue el pulso
audible en los oídos,
y no había palabras
para nombrar la luz brillante
fuera de la ventana,
y era imposible articular
el abandono que sentí adentro.
Sin familia, sin enfermeras,
sin ningún ángel ni su música,
solo la carne temblorosa
y los rezos
susurrados por un pibe
en una bata médica tan raída
como su fe en este mundo.

YOM HASHOAH RENGO

El último judío de Treblinka,
el químico de Auschwitz,
la húngara que susurraba
No puedo acallar
mi remordimiento por ser,
y yo, con mis nueve años,
posoperatorio en cama,
trazo con un dedo
los trece puntos azules
cicatrizando la cadera,
y comprendo por qué
me está hablando mi papá
del genocidio:
con lágrimas en los ojos
me cuenta de familiares
incinerados o tirados,
todos con antebrazos atrofiados
tatuados en azul,
y me explica la enfermedad
de la lengua alemana
con frases como *camino al cielo,*
como *Arbeit macht frei,*
como *Heute Deutschland,*
morgen die Welt!,
y yo, dolido, lo escucho todo,
intentando entender mejor,
comprendiendo ya la carga
de recordar, contar,

y me olvido de la sangre
goteando de mi incisión
e ignoro la mancha roja
en la sábana blanca
debajo de mí
y pienso en el dolor
de la víctima, como existe
en la memoria del testigo,
en su lengua,
en sus lágrimas,
en la tensión
en la piel cosida
por puntos azules
y cómo el cuerpo lucha
con los puntos
que cierran la herida,
y me sigue hablando mi papá
de Moyshe Ettinger,
escondido, detrás de un barril
mientras mira sus hijos
empujados al horno de gas azul,
y me habla del profesor polaco
de matemáticas
delirante en el tren
yendo a Treblinka, explicando
a los pasajeros el genocidio
con su álgebra querida,
y me habla de los cuerpos azules
tirados a fosas comunes--
todas estas memorias
dadas a mí, tatuadas

en la memoria en azul:
para que me forjen
de palabras,
del mármol de lápidas tardías:
un niño vivo con muertos
en los ojos,
en los pulmones,
sobre la lengua
como un polvo amargo,
ese renguito en cama,
recuperándose del filo,
y por eso consciente
de la fragilidad del cuerpo
cuando la mente se rompe
y la boca se abre
y con labios azules
canta sin fin.

CONSIDERACIONES RENGAS

Santiago 1:2

Hermanos y hermanas rengos,
considérense dichosos
al enfrentarse
con las pruebas
del mundo bípedo.

Consideren el don
de la renguera
una antorcha
prendida en una caverna.

No hay forma singular
de mariposa,
tampoco existe
sin trepar.

¿Qué nos contó Platón
del delirio
de la percepción
humana?

La música
depende
del silencio.

La sabiduría se lee
entre las arrugas.

El vehículo carnal
no es el ser
sino que su conducto.

Consideren Raquel
con su vitíligo,
qué ventaja tiene ella:
la piel un estallido
de colores
como un sagrado cuerpo
arcoíris.

Y consideren Tomás:
con una pierna
atrofiada al nacer,
la que le hace
renguear
por el pueblo
y verlo de soslayo
como cualquier profeta.

EXISTENCIALRENGUISMO

La lucha
       para moverse
sin poder mover,
           para irse
sin poder salir,
        para caminar
sin poder dar
ni un paso
sobre el planeta,
           la lucha
           para durar
como un cactus
          con flores
          intocables
o como un pez dorado
       atrapado
en un bloc de hielo,
       su cuerpo
          flameando
          en su lugar
por siempre.

PRECUELA II

Mientras me moldeaba de barro,
un dios borracho
tomó pausa
para fumar un porro

y con el humo exhalado
formó mi cadera renga,
completándome
por dejarme incompleto:

con un hueco adentro,
una bisagra desprovista,
un beso retenido
para prometer un amor porvenir.

OTRA VEZ OPERADO

Otra vez me tocarán
con guantes azules.

Otra vez taparán
mi boca con mascarilla.

Otra vez rezaré
con palabras de humo.

Otra vez transubstanciarán
al cuerpo con anestesia.

Otra vez sangre mía
caerá al piso.

Otra vez confiaré
en el sendero del filo.

Otra vez me despertaré
con la carne redimida:

una bahía
turbulenta de tormenta

hecha tranquila,
bañada de luz.

IV

CANCIÓN RENGA

Para Stanley Kunitz

Me llamo don Renguito,
el páramo es mi hogar,
mi mamá no me amamantaba nunca
y de padre mejor no hablar,

la silla de ruedas me dio libertad,
las muletas la chance de balancear,
y canto este peán
por los caminos que no puedo caminar.

CONSCIENCIA RENGA

¿Cómo el zumbido
sin la abeja?

¿Cómo la conciencia
sin el cuerpo?

Y estas palabras rengas,
¿cómo pueden ser

luz liberada
de una estrella?

¿Sabe el pez
que está mojado?

¿Sabe el rengo
que es discapacitado?

¿Cojeo las calles
o son las calles

lo que no está
equilibrado?

TARDE A LA FIESTA

Mil disculpas por llegar tarde.
No recibí la invitación.
Pero bueno, aquí estoy
con todos ustedes:
tan altos y guapos
y con voces de oro fundido,
con vidas más livianas
que las nubes,
gente con pasatiempos
como el esquiar,
el correr maratones,
y yo aquí, en mi silla,
escuchándolo todo
desde abajo:
fascinado con Marisol
quejándose
del paro: sin subte
tuvo que caminar
cuatro cuadras a su trabajo, y
con Juan, quien acaba
de subir Machu Picchu
con su novia, Luz,
y yo, pendiente
de cada palabra, intentando
no moverme
para que las llantas
de mi silla no chirríen.

DESEO RENGO

La sexualidad de la gente discapacitada...sigue siendo
ignorada, evitada y hasta descartada.
WILLIAM BURR

El deseo del ciego
de ver la cara
de la amada
excitada:

de ver las pupilas
dilatar
como galaxias
siendo nacidas,

de ver la boca
abrir,
suspiros,
la falta de aire,
el placer
eléctrico
cuando el camisón
se desliza
por el pezón
erecto,

y de verla
liberar
la seda negra
del pelo largo

del rodete
sobre la cabeza,
como se derrama
sobre las caras
de los dos,
entrelazados,
la piel cálida,
erguida,
resbaladiza,
el pelo
fragante
de jazmín en flor.

NO ME LLAMES RENGUITO

ni cojito
ni discapacitado.
No soy tu reflexión
deformada
ni el objeto
de tu pena.
No me llames renguito
ni lisiado
ni impedido;
rezo al altar
de la abundancia friki
y mis dioses
siempre cumplen.

SOLICITUD DEL RENGO AL MÉDICO

No me quites la ropa.
No me saques radiografías.
No me pinches con jeringas.
No me cortes con filos.
No me mojes con mi propia sangre.
No serruches mis huesitos.
No me cierres con puntos
de plástico azul.
Lo que quiero es que me hagas
menos dolido,
que tus palabras me entreguen
un futuro más tranquilo,
que me llenes de luz,
que me bañes con risa,
que tu toque sea el inverso
del arte
del techo de la Capilla Sixtina:
la mano de Dios a la deriva
de la de Adán
para no tocarlo de nuevo
nunca jamás.

LA GRIETA, O EL HIMNO DE BATALLA RENGO

Se abre   allí
        en la cabeza
de la cadera
        izquierda,
               allí
        la primera
                    fisura
en el hueso:
               una luna
agrietada
        en todo
                    su misterio
           y la cicatriz
testifica:
           al choque,
           al miedo,
esa inicial
        arruga
           existential:
                  cómo rompe
      el tiempo: un
           scismo
           petrificado
en la anciana
         secuoya roja
y se multiplica:
                peor, de noche

           salen
                    de las grietas
                                fantasmas:
con bocas
                    abiertas,
                    con gritos
desde la nada,
                                intentando
                                escapar
                        del laberinto
del cuerpo,
        del alma,
                        con voces
                    de cuchillo,
                        de humo,
                                de una neblina
                                de sangre
caída
        sobre
                    el campo
                        de batalla
                                sin fin,
y no hay otra
        opción
                    que levantar
                        armas
                                y disparar
                                al vacío.

OSO HORMIGUERO RENGO

Es una muy buena mamá
pero rechaza
a su recién nacido.
Los zoológicos no entienden.
Intervienen para rescatarlo.
Lo trasladan a su sede
donde crean leche sintética.
Le dan de comer
cada tres horas
mientras le susurran
palabras dulces.
Nadie duerme, ni el osito.
Están todos agotados.
Pero con tiempo,
con ciencia y amor,
la criatura sobrevive:
atrofiado, chueco
pero sano y feliz.
Y así pasa su juventud
en una nube
de alegría: jugando
con sus cuidadores,
comiendo de sus manos,
y cojeando
por su recinto
con paredes de vidrio.

BÚSQUEDA DE TRABAJO

Llega el rengo y escanea
       la sala de espera:
cuatro candidatos como él:
       saco, corbata, maletín.
Lo que difiere es las caras:
       la de él es más tensa,
luchando para ocultar
       su dolor cotidiano.
Las grietas en los ojos
       la pista más grande;
se requiere todo
       su esfuerzo
para mantenerse allí
       vertical.
Es el primer truco del rengo:
       fingir, pasar,
o revelarse y quizá
       perderlo todo.
Lo ha perdido todo.
       ¿Cómo puede
trabajar acá usted
       sin poder sentarse
normal?, le preguntan
       al principio
cuando rehúsa cortésmente
       la silla indicada,
y con todo
       ya perdido

les contesta
            con elegancia y sonrisa:
¿Y ustedes
            cómo hacen el amor
con sus parejas
            en autos? ¿No
es cuestión de inventar
            nuevas posiciones
cómodas
            y satisfactorias?

OPERACIÓN X

Sin importar
        cómo nos cortan,
cómo nos rajan
        las coyunturas,
cómo nos paralizan
        con yeso,
cómo nos cuelgan
        de poleas,
sobrevivimos,
        somos rengos,
superamos
        válvulas y tubos,
superamos
        ensayos clínicos,
no nos hace nada
        ser sangrado.
Somos rengos.
        Soportamos.
Perduramos.
        Persistimos.
Asustamos
        a los curas,
desafiamos
        a los médicos,
somos luz eterna,
        primaveral,
la esperanza
        de nuestra especie:

unos seres
        liberados
del cuerpo
        simétrico,
de la forma
        cortada
con el mismo machete
        de siempre;
somos rengos:
        seguros
del cojo,
        del dolor,
de la fragilidad
        de la vida,
y nuestro amor
        es compartido
por la capacidad
        renga
de rehacerse
        una tras
otra vez:
        una ola
de llanto
        desarticulada
en gotas
        disueltas
a neblina
        brillando
en el mundo,
        creando
un arcoiris
        que te hace

tomar pausa,
       sonreir,
dar gracias
       por existir.

V

ESQUELETO RENGO

Cuerpo de escasez y hambre,
de ausencias y fisuras,
de dolor relámpago en el seno
y llanto torrencial
por las mejillas,
cuerpo de cortes y elisiones,
de fantasmas y pérdidas,
de piel de yesca
sobre un corazón
lleno de salvajes chispas.

SER RENGO

es vivir en casa
    con el techo en llamas,
        y con tu familia
        atrapada dentro:
            sofocando
            con humo,
            gritando
            tu nombre;

es vivir erupciones
    de lágrimas
        espontáneas
        al ver un cervato
        saltar la cerca
            de tu jardín
        y gozar de guindas gordas,
            el jugo dulce
        chorreando
            por su boca;

es vivir el sueño ardiente
    de convertirse
        en nube: de ser
    ligero, suelto,
            sin forma
        fija,
de ser
        soplado
            por el viento

por un cielo
        azul,
                    y de conectarse
            con otras nubes

        sin fisura
        ni cicatriz.

RENGO RECIÉN OPERADO

Días después de ser operado,
tierno con agonía,
se sienta solo
en el patio
para calentar la cara con luz,
y la tarde es tan dorada
que él comienza a llorar en silencio:
por la esperanza
del bisturí
y del renguito que lo recibe
con su cuerpo dispuesto
a cortes, a sangrar
para sobrevivir,
incluso allí en el patio
goteando rojo
de una nueva cicatriz,
y en ese instante
tiembla él con comprensión
de lo que es
nacer para sufrir,
de vivir con huesos
que te traicionan,
un continente
que se deshace
en islas,
y él llora por la gloria
de existir,
de estar aquí

con luz cálida sobre la cara,
con puntos azules
sobre la cadera extraída,
con el canto de aves
invisibles en el roble,
días después de cirugía,
de la muerte breve
de la anestesia,
y del corazón reanimado
dos veces
en el quirófano,
y ahora eufórico
con gratitud,
con drogas y luz,
el latido
fuera de control: un solo
de piano delirante,
y la mente del pianista
un candelabro
lleno de velas
prendidas para combatir
la oscuridad y el frío.

CHOQUE RENGO

Atrapado en un auto
volcado
en una zanja
junto al camino.

Todos me pasan
con facilidad.

Ni se dan cuenta
de mi presencia.

Atrapado me quedo.

Rajas

en el metal

me dan luz:

hacen visible
destellos
de las caras
pasando.

Oigo el viento
de las llantas,

las melodías pop
saliendo
de sus radios,

                              pero tan pronto
                              como llegan,
                              se disuelven:
                              risa al viento.

Torcido, dolido,
al revés
me cuelgo.

                                        Olor de nafta,
                                        de abandono.
                                        Sabor de sangre
                                        en la boca.

Cierro los ojos

                    y espero
                              la ascensión
por grúa.

DOLOR CRÓNICO

Contameló
en susurros

del dolor
que sufrís:

todos los días
al despertar

en la misma
agonía.

El esqueleto
en llamas,

un archipiélago
en un temblor,

vida de ruinas
humeantes,

carne atravesada
por heridas,

y los ojos,
justo reabiertos,

están cegados
por luz de mañana:

hirviente,
atroz,

inundándote
la vista

de todo
lo mismo;

la misma
cama,

el mismo
cuerpo,

las mismas
piernas dolidas:

atadas
como siempre

a poleas
con pesas

para estirar
el ser

toda
la noche,

para suspender
un niño rengo

en un canto
de pena

hasta en
sus sueños,

y ahora,
despierto,

estás enfurecido
por existir,

cada vértebra
una mina

pisada
por el sol,

lanzando
metralla

por
el cuerpo,

redoblando
el dolor,

el seno
en escombros,

el corazón
un espejo

caído,
hecho añicos,

y tu ser
un navío

bajo ataque,
pero de adentro,

y en respuesta,
confuso,

tirás
tus cañones

a fantasmas
y se llena

tu casco
de trueno, humo.

FATIGA RENGA

El colibrí
planea
sobre su nido
en llamas.

HIJOS

Vienen de mí,
viven conmigo
pero de forma
más móvil,
más rápida,
igual los sigo
sin parar
de cuestionarme
si los deformo
por criarlos
con un toque
rengo, niños
de tela blanca
teñida
por sangre,
su vista
manchada
por un pa
incapaz
de jugar
con ellos
al fútbol,
incapaz
de arrodillarse
a su lado
en el arenero,
en el *living*,
de bajarse

en el jardín
con ellos
para sembrar
frutillas, flores,
pero con cada
célula
de su corazón
un diamante
en la primera luz
de sus nacimientos,
cada mañana
juntos una gloria,
hijos brillantes
con agilidad,
regalados chispa
y travesura
por Hermes,
Anansi,
Antu,
y mientras
ni puedo
concebir
sus vidas
reconozco
cómo fluyen de mí:
dos mareas
crecientes
de agua tropical
que comenzaron
como copos
de nieve.

MOVIMIENTO RENGO

Me muevo para atrás
                para avanzar,
descubro un pasado
                para estar presente,
y estoy pensando
                justo ahora
en mi perra callejera,
                Zoe,
sacrificada
                hace unas horas,
viejita renga,
                parapléjica:
las patas de atrás
                dos timones
arrastrados de
                por la tierra
mi memoria
                este viernes húmedo,
abril,
                mes de lluvia
y angustia,
                de brisas cálidas
contra piel chivada,
                de corazones verdes
con el vértigo
                del ciclo vital:
igual los capullos
                como nuestras caras

partidos

        y repartidos

mientras el sol,

        blanco, inmóvil,

arde en silencio.

PRECUELA III

Antes de estar
fisurado por tiempo,

por ser testigo
a la disolución,

antes de los cachetazos
de cirugías

y de mi propia madre
avergonzada de mí,

antes de los gritos
capacitistas

de mis maestras,
jefes, colegas,

antes de los tiroteos
de antisemitas,

de islamófobos,
de racistas antinegros,

antes de los insultos
arrojados

a mis hijos
por hablar español,

antes de todo eso
yo ya había llegado:

rengo, malhecho,
lo cual es decir: listo

para las torciónes
de la vida,

cuerpo de grano
de trigo

arrancado
de la espiga

y por eso móvil,
nómada,

lleno de alegría
por entender claramente

que otros mundos
sí son posibles.

CONFESIÓN RENGA

(A veces sí
he querido ser
uno de ustedes:
sin cojera.)

VI

EL MILAGRO

No es la cadera
reemplazada,
ni la columna
fusionada,
ni el diccionario
que da y da
desde la mesita
de luz; todo eso
se deshace,
se esfuma,
vapor al cielo,
sueños
que desaparecen
en el instante
de despertarte
y cambiar
de reino.
Pues tampoco
es el vino tinto
ni los labios
morados
con su dulzura,
ni es la música
de tu querido Bach
ni la de Callas
ni Piazzolla;
sólo nos salva
el amor cuántico:

ese fervor
subatómico
que al nivel
más pequeño
no existe
la nada,
solo el universo
de espuma;
vida de burbujas
bailando,
flotando
por el espacio-tiempo
para combinarse,
separarse,
la búsqueda
de nuevas
conexiones
infinita, inconcebible,
lo único
constante
el cambio
continuo, esa
materia prima
dúctil,
resbalosa,
cada superficie
de cada curva
reluciente
con atracción.

EL REGALO

Nací con la cadera podrida,
una falta según los médicos,

una condena, me dijeron:
vida gastada, averiada,

y me profetizaron una juventud
de caídas sobre hueso muerto,

prediciendo días de cirugía
y noches de duelo, llanto,

pero ni un pío me ofrecieron
sobre el milagro de los libros

ni de la gloria de la guitarra
ni la libertad de la renguera:

esa brillantez de degenerar,
de hacerse pedazos con cada alba,

y me costó añõs para entender bien
lo que es ese regalo

de fracturarse y persistir,
porque sin roturas, no pasa luz.

AUTORRETRATO A LOS
CUARENTA Y CINCO AÑOS

El dolor de cadera
como trueno
a las dos de la madrugada
y mis hijos dormidos
en su pieza
sobre la mía:
los dos juntos en una cama,
soñando en armonía,
pegados para siempre
mientras doy
vueltas, desvelado.
Tengo diez años
y estoy llorando
en los brazos de mi madre
mientras nos cuenta
el cirujano: *claro, hay que operar,*
y en mi terror,
en mi inocencia,
intento huir
del filo
por caerme
en mi mamá: agua
devuelto al pozo,
pero ella también
me va a cortar.
Se irá pronto de mi vida,
dejándome

con la memoria
estruendosa
de ese día:
del olor de su perfume,
de sus dedos
en mis rulos,
de su suéter suave
en mi mejilla
en llamas
hasta hoy en día.

MOMENTO BREVE DE LOCURA, 6:30AM

la confusión de estar en un cuerpo
--MARÍA NEGRONI

Tiro las muletas al tacho,
tomo un puñado de pastillas
y me baño con el plan
de ocultar hoy la renguera
para que por fin mis colegas
me inviten a salir:
a jugar al tenis con Juan,
a subir montañas con Nina,
a montar bicis con Facu
por las colinas verdes de este valle,
y no me enojo
cuando me caigo
al salir de la ducha sin ayuda;
no más me quedo allí
en el piso, empapado,
una ballena encallada, dolor
pulsante en la cadera,
y soy incapaz
de levantarme: siento
mi renguera,
hasta que se me acerque
mi perrito, Gizmo,
con su cola de alegría,
y me lame la cara,
transformando

la vergüenza
bajando por mis mejillas,
convirtiéndolo
del preámbulo
de una carta de suicidio
a las primeras notas
de una música
tan luminosa como conocida.

BAJO TU MIRADA EN EL ESPEJO

Ojos de polvo.
Boca de ceniza.
Lengua de humo.

Todo lo conocido
se te deshace.

Vida de azúcar
tirado al mar.

Te vaporizas.

No dejas nada.
Ni el contorno
de tu forma.

Se llena el vacío
con mundo.

Sigue girando
el planeta fértil.

CORAZA RENGA

En clase,
      cuarto grado,
            período seis:
las matemáticas,
      y de mi silla
            de ruedas
sigo
      al maestro
            en el pizarrón.
Está escribiendo
      frenéticamente
            códigos en tiza,
hasta tomar
      pausa
            y llamarme
a mí para recitar:
      la tabla
            de mandamientos bíblicos
o de multiplicaciones,
      no sé
            en lo que estamos
porque estaba
      perdido
            en mi cabeza,
mirando el cielo
      dentro mi cráneo
            una vista celeste

con nubes y sol,
     sobre
          una pradera en flor
jubilosa
     con violetas,
          margaritas, lirios.

DETECTIVES, 6AM

Hallaron un cuerpo
en el valle, me decís
sobre el primer café,

los dos sentados
en la cocina
bajo luz recién nacida,

y bajás el periódico,
ya harta de hoy,
por nuevo que sea,

y me levanto
para estirarme:
ya ruidoso

con dolor de cadera
otra pérdida de vida,
me murmuro a mí mismo,

pensando en el cadáver,
mi cabeza una semilla, de
la cual crecen raíces

entre mi cuerpo
y el del valle
y en el medio de nosotros

brota un árbol
con un tronco torcido,
con ramas desnudas,

y la copa una idea
de una vida sin fin:
flores crecerán de las ramas,

sembrarán su semilla,
y me pregunto
si la muerte es

ilusorio, imposible,
mientras los detectives,
subcafeinados,

uno pausando
para bostezar,

siguen mirando
el cuerpo
y apuntando

en jeroglíficas
en sus cuadernos
la historia posible

de un fin,
por lo menos si trabajás
de detective a las 6am

en el valle verde,
con un buen compañero,
bajo un sol

iluminando el polvo
de los senderos cruzados
un tono de oro.

EL RENGO Y EL AGUA

De joven me gustaba
tirarme a cualquier agua:

ríos, lagos, piletas,
manantiales, mares;

era el único medio
en que me relajaba.

El dolor suspendido

en bañaderas, hervideros,
riachuelos, bahías,

y yo allí: flotando

boca arriba, un respiro
de la dolida
gravedad de existir:

el cuerpo vaciado
de peso, aligerado
de agonías,

los huesos
separándose
como estrellas

poblando
una preciosa
galaxia nueva.

EL RENGO Y EL FUTURO

Pronto un ser ido. La renguera no pasa
por los genes. Hijo de humo. De vapor.
De existir en el éter. Hueso convertido
en polvo. El polvo tomado por la brisa.
Una vida efímera, atomizada, desterrada
del mundo. Un ente único, sin futuro,
y por eso se termina como una supernova:
implosionando al fin: para poder explotar
con luz: una lluvia de chispas brillantes,
inundando una oscuridad tan vasta como fría.

CANCIÓN DE LA ASTILLA

Como si fuera posible
ser sano,
entero,
sin heridas,

un cuerpo sin:

sin dolores,
sin desvanecerse
para vivir;

sin esa disolución
diaria

del hueso,
de energía,

¿existe

la belleza
del sol

sin su fragmen t a c i ó   n?

ÍNDICE